Dieses Buch gehört:

Alle Tipps und Informationen in diesem Buch sind sorgfältig ausgewählt und geprüft. Dennoch können weder Autor noch Verlag eine Garantie übernehmen. Eine Haftung für Personen-, Sach- und Vermögensschäden ist ausgeschlossen.

ISBN 3-8157-2057-5

© 2001 Coppenrath Verlag, Münster
Illustrationen von Thea Roß
Redaktion: Susanne Tommes

Printed in Belgium

Mit Waldemar durchs Gartenjahr

Günther Dietel & Thea Roß

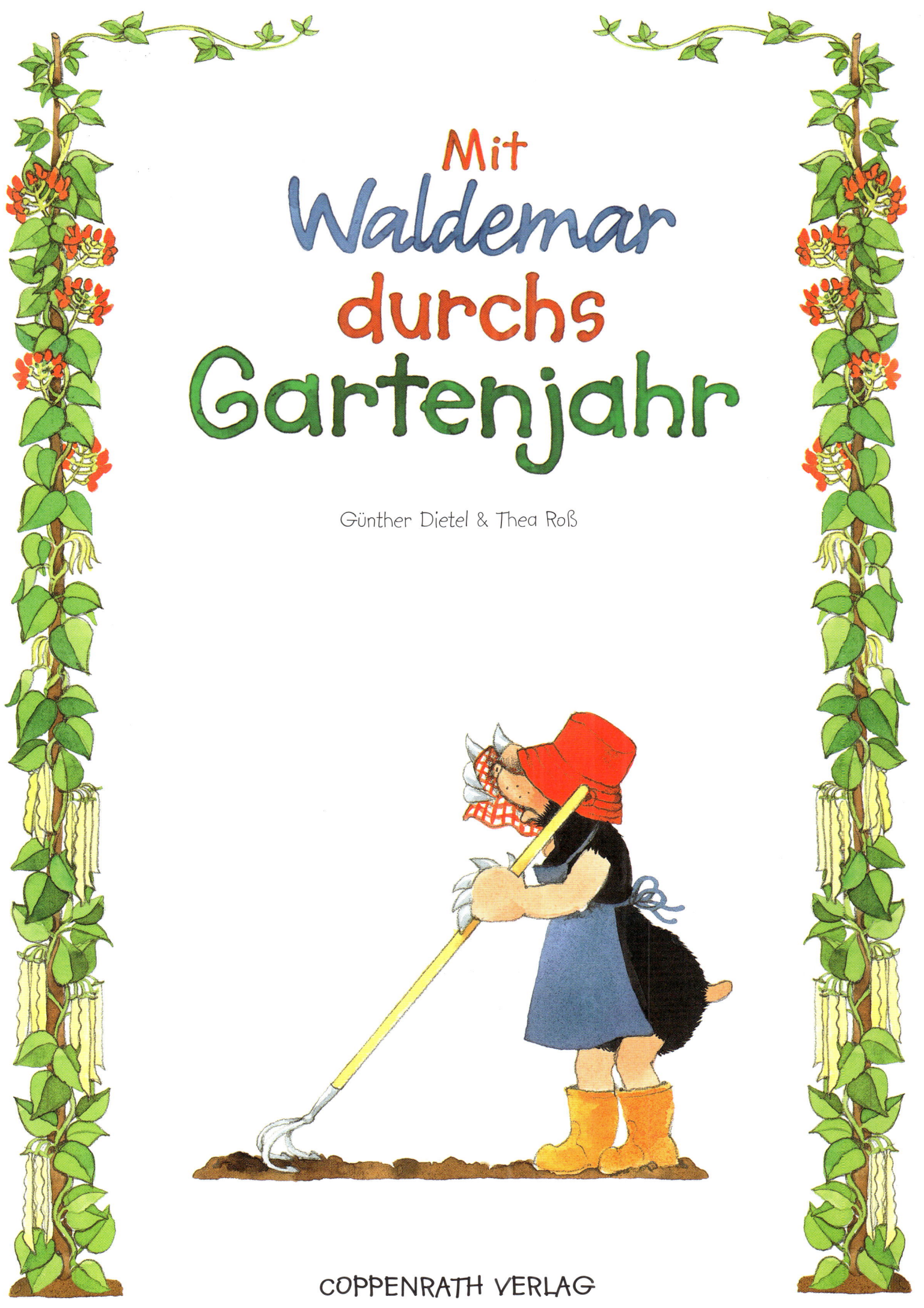

COPPENRATH VERLAG

Inhaltsverzeichnis

Hallo, Gärtnerin! Hallo, Gärtner!

Ich bin wieder da, Waldemar, der Gartenprofi! In meinem ersten Buch habe ich dir gezeigt, welche Blumen und Kräuter du auf Balkon und Fensterbrett pflanzen oder aus Samen ziehen kannst. Jetzt geht's raus in den Garten! Möchtest du dein eigenes kleines Beet anlegen? Vielleicht ist in einer Ecke eures Gartens noch Platz. Wenn nicht, kannst du mit Hilfe eines Erwachsenen ein Wiesenstück in ein Gartenbeet verwandeln. Wie das geht und vieles mehr verrate ich dir in diesem Buch. Gartenarbeit macht großen Spaß: Wenn zum Beispiel aus kleinen Samenkörnern riesige Kürbisse wachsen, ist das ziemlich spannend. Und außerdem: Was du selbst gesät und geerntet hast, schmeckt doppelt so lecker wie aus dem Supermarkt! Hast du Lust, selbst Gemüse zu ziehen, schöne Schlupfwinkel zu bauen, ein Kräuterschachbrett anzulegen oder einen Baum zu pflanzen? Und wie wär's mit Osternestern und anderen schönen Geschenken aus dem Garten? Am besten machst du dich zusammen mit deinen Freundinnen und Freunden, Eltern oder Nachbarn an die Arbeit. Das ist nicht nur viel lustiger, sondern auch ganz schön praktisch: Gemeinsam habt ihr jede Menge tolle Ideen und könnt euch gegenseitig helfen. Und weil im Garten auch Tiere leben, zeige ich dir, was du alles machen kannst, damit sich möglichst viele bei dir wohl fühlen. Mit einer Lupe und einem Fernglas kannst du sie beobachten.

Viel Spaß im Garten
rund ums Jahr
wünscht dir

Waldemar

Gartengeräte

Bevor's richtig losgeht, besorgst du dir die notwendigen Gartengeräte:

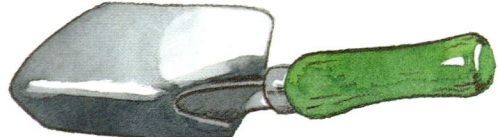

eine kleine Gartenschaufel um Löcher zu graben,

eine nicht zu breite Harke, mit der du den Boden ebnen kannst,

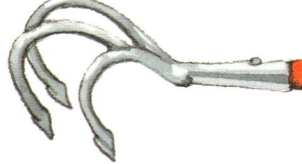

einen Grubber um die Erde zu lockern, Komposterde leicht einzuarbeiten und unerwünschte Wildkräuter zu jäten,

einen Kinderspaten, mit dem du größere Löcher graben, Beet- und Rasenkanten abstechen kannst,

außerdem einen Pflanzstock um Löcher in den Boden zu bohren, in die du junge Pflänzchen setzt,

eine nicht zu große Gießkanne, eine Garten-schürze und Gartenhandschuhe, damit du auch Brennnesseln und stachelige Pflanzen anfassen kannst.

Wichtig:
Damit du dich nicht verletzt, zieh immer feste Schuhe an!

Tipp: Wenn die Stiele an Harke & Co. zu lang für dich sind, frag einfach einen Erwachsenen, ob er sie für dich *kürzen* und oben *rundschleifen* kann.

Pflanzgefäße

Soll es schon im Frühsommer auf deinem Beet tüchtig grünen und blühen? Dann ziehst du deine Pflänzchen am besten im Haus vor. Dafür sind Pflanzgefäße wichtig. Große Gefäße eignen sich für die Aussaat. Später, wenn du die Sämlinge auseinander pflanzt (Gärtner nennen das auch vereinzeln oder pikieren), sind viele kleine Gefäße praktisch.

Der Handel bietet die tollsten Sachen an: Mini-Gewächshäuser, Torfanzuchttöpfe, Pflanzschalen in allen Größen und Formen. Aber das kostet eine Menge Geld. Zu Hause, im Gemüseladen und in der Gärtnerei findest du alles, was du brauchst – und musst meist nichts dafür bezahlen!

 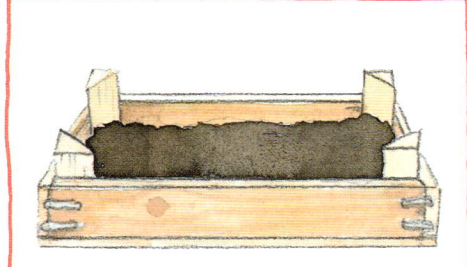 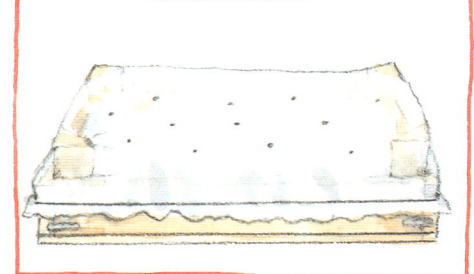

Kleine Mandarinenkisten verwandelst du in Samen-Kinderstuben: Einfach mit Gartenerde füllen und später, wenn du gesät und gegossen hast, mit durchlöcherter Folie überspannen.

 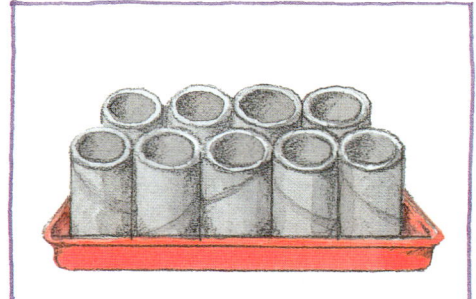 

Die Innenpappe von Küchenrollen eignet sich prima zum Pikieren der Sämlinge. Zerschneide sie 'n acht Zentimeter lange Stücke, setze sie auf ein Tablett und fülle Erde hinein.

Ausgediente Blumentöpfe für Pflanzenkinder gibt's oft umsonst beim Gärtner. Vielleicht haben auch deine Nachbarn und Freunde einige übrig.

Praktisch sind auch geflochtene Körbe. Wenn du sie mit Folie auslegst, kannst du sie mit Kräutern und Blumen bepflanzen. Ein tolles Geschenk!

Vom Wiesenstück zum Gartenbeet

Möchtest du dein eigenes Beet haben?
Wenn im Garten keins übrig ist,
kannst du einen ausgedienten Sandkasten
mit ein paar Schubkarren voll Komposterde
in ein Beet verwandeln.

Oder du knöpfst dir im Herbst
ein Stück Wiese vor. Das geht so:
Zuerst suchst du ein passendes
Fleckchen, am besten eine sonnige,
windgeschützte Stelle.

Dann bittest du einen Erwachsenen dir beim Ausmessen zu helfen. Wie lang dein Beet werden soll, hängt davon ab, wie viel Lust und Zeit du hast, dich darum zu kümmern. Für die Breite sind deine Körpermaße wichtig. Wenn deine Arme 35 Zentimeter lang sind, sollte das Beet nicht breiter als 70 Zentimeter sein, damit du es von beiden Seiten her bearbeiten kannst, ohne auf die Fläche treten zu müssen. Bist du größer, kann das Beet breiter sein.

Jetzt wird's anstrengend: Die Rasenschicht muss abgestochen werden. Am besten überlässt du diese Arbeit einem Erwachsenen! Du kannst helfen, indem du die feine, wertvolle Erde zwischen den Graswurzeln kräftig abschüttelst.

Lockere nun den Boden mit deinem Grubber auf, entferne größere Steine und Wildkräuter mit ihren Wurzelausläufern und gib die abgeschüttelte Erde hinzu. Dann nimmst du eine Bodenprobe.

 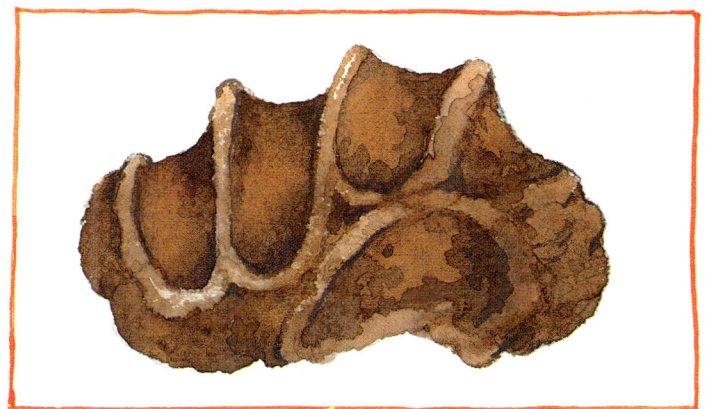

Rieselt die Erde zwischen den Fingern hindurch, hast du Sandboden. Besorge Komposterde und arbeite sie leicht ein.

Lehmboden ist klebrig und formbar und färbt deine Finger. Für deine Pflanzen ist er gut, weil er Wasser und Nährstoffe speichert.

Raps

Luzerne

Senf

Zum Schluss säst du Raps, Luzerne oder Senf auf deinem Beet aus. Denn sie lockern den Boden und versorgen ihn mit wichtigen Nährstoffen.

Im Frühjahr geht die Arbeit weiter. Dann wird alles gejätet und mit dem Grubber die Erde gelockert. Wenn du magst, kannst du noch ein paar Buchsbäumchen als Beeteinfassung pflanzen. Fertig ist dein Gartenbeet! Es fehlen nur noch ein paar Pflanzen. Viele kannst du säen. Wie das geht, steht im nächsten Kapitel.

Und so wird gesät

Ein Samenkorn ist ein echtes Wunderwerk. Wie ein Computer hat es jede Menge Informationen gespeichert: über die Pflanzensorte, die Farbe, die Größe und den Geschmack. Außerdem „weiß" es, in welche Richtung Wurzeln und Stängel wachsen sollen. In einem Samenkorn stecken alle Nährstoffe, die es braucht um Wurzeln zu bilden, den oft schweren Boden zu durchstoßen und Keimblätter zu entwickeln. Der Samen „schläft", solange ihm Wasser und Wärme fehlen. Stell dir vor: Auch nach mehreren Jahren kann aus einem Korn noch eine Pflanze wachsen!

Hast du dir schon mal das winzige Salat-Samenkorn angesehen? Oder einen Sonnenblumenkern?
Kaum zu glauben, dass daraus so große Pflanzen werden können! Und jede Pflanze bildet wieder unzählige neue Samen aus. Besonders gut kannst du das an verblühten Sonnenblumen sehen.

Tipp:

Auf den Samentüten sind meist sehr schöne Bilder und spannende Informationen. Schneide die Bilder und Texte vorsichtig aus und klebe sie auf eine feste Pappe. Fertig ist deine Gartenübersichtskarte!

Säen kannst du auf unterschiedliche Weisen:

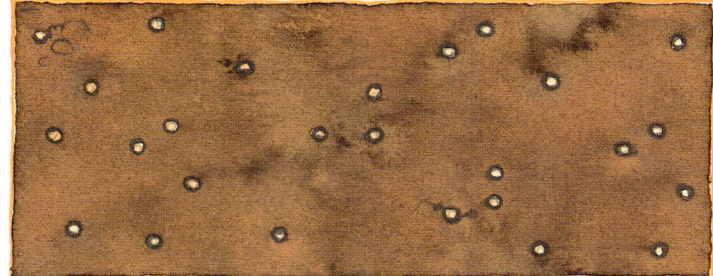 

Breitwürfig: Du nimmst die Körner in eine Hand, streust sie aus dem Handgelenk heraus auf die Erde und harkst sie vorsichtig ein. Wie wär's zum Beispiel mit einer Hand voll Dill auf dem Gurkenbeet? Dann kannst du später gleich das passende Gewürz ernten.

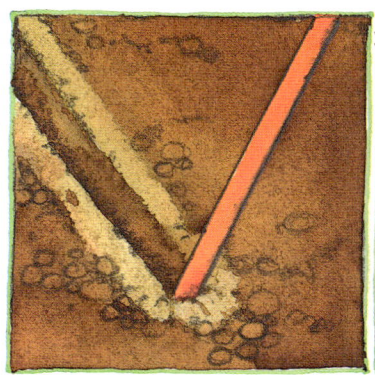 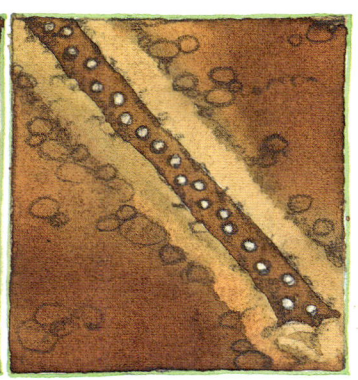 

Reihensaat: Mit dem Stiel der Harke drückst du eine Rille in den Boden – doppelt so tief, wie deine Samenkörner dick sind. Dann streust du die Samen hinein. Zum Schluss die Körner mit Erde bedecken und andrücken. Die Reihensaat eignet sich für Radieschen, Salat, Möhren und einjährige Blumen.

Dibbeln: Überall da, wo zwischen deinen Blumen oder anderen Pflanzen noch Platz ist, kannst du ein Samenkorn in die Erde stecken, zum Beispiel von Radieschen. Je weniger Stellen auf deinem Beet frei bleiben, desto weniger unerwünschte Wildkräuter können dort wachsen.

Markiersaat: Damit du die Reihen erkennen kannst, in denen Pflanzen mit langer Keimdauer wie Möhren und Petersilie schlummern, legst du Samen von Pflanzen mit kurzer Keimdauer dazwischen, zum Beispiel Salatsamen.

Horstsaat: Mit dem Handrücken drückst du eine Kuhle (= Horst, Nest) in die Erde, in die du dann – schön verteilt – zum Beispiel vier Bohnen legst. Andrücken, Erde drüber und gießen nicht vergessen!

Tipp: Sehr praktisch fürs Säen sind deine Körpermaße. Die Handspanne vom gespreizten Daumen bis zum kleinen Finger entspricht 15 Zentimetern und damit dem Abstand zwischen den Saatreihen. Für den Abstand von Radieschensaat oder Möhrenpflanzen ist die Breite von Zeige- und Mittelfinger (etwa drei Zentimeter) wichtig.

Bunte Blumen

Hast du Lust, bunte Blumen zu säen oder zu pflanzen? Sie schmücken dein Beet und liefern prima Blumensträuße fürs Haus und zum Verschenken. Es gibt ganz verschiedene Sorten:

Einjährige Sommerblumen kannst du im Mai an Ort und Stelle aussäen oder ab April im Haus vorziehen. Beachte die Hinweise auf den Samentütchen! Sommerblumen brauchen einen sonnigen Platz und nahrhaften Boden. Innerhalb weniger Monate gehen sie auf, wachsen, blühen, bilden Samen und verwelken. Wenn du einige Blüten ausreifen lässt – etwa von Ringel-, Sonnen- oder Studentenblumen –, kannst du Samenkörner fürs nächste Jahr ernten. Bewahre sie kühl, trocken und dunkel auf, zum Beispiel in einer Blechdose. Zu den einjährigen Sommerblumen gehören:

Zweijährige Blumen werden im Sommer in einer Saatkiste oder einer Gartenecke ausgesät, später pikiert und im Herbst an ihren vorgesehenen Standort verpflanzt. Sie blühen im nächsten Frühjahr, bevor sie langsam verwelken. Zu ihnen gehören:

Stiefmütterchen

Vergissmeinnicht

Maßliebchen

Mehrjährige Stauden bleiben lange Zeit an derselben Stelle, wachsen jedes Jahr ein Stück und blühen immer wieder. Wildkräuter wie Quecke oder Giersch (siehe Seite 24) musst du schnell entfernen, da sie sonst in die Wurzelballen der Stauden wuchern. Weil's schwierig ist, Stauden aus Samen zu ziehen, besorgst du dir am besten kleine Pflänzchen von Nachbarn, Freunden oder vom Markt. Wenn sie zu dick geworden sind, gräbst du sie im Herbst aus, teilst sie mit dem Spaten und pflanzt sie an verschiedenen Stellen wieder ein. Dann blühen sie meist besser als vorher. Oder du verschenkst einen Pflanzenteil. Zu den Stauden zählen:

Phlox

Lupine

Pfingstrose

Pfingstrose

Margerite

Iris

Tränendes Herz

Köstliche Gartenkräuter

Gartenkräuter sind enorm gesund: Sie enthalten wichtige Vitamine und Mineralstoffe. Aber das Beste ist: Gartenkräuter schmecken superlecker. Sie geben Salaten, Suppen, Soßen, Quark und Dips einen ganz besonderen Pfiff. Für die berühmte „Frankfurter Grüne Soße" benötigen Köche mindestens sieben verschiedene Kräuter!

Wie bei den Blumen gibt es auch ein-, zwei- und mehrjährige Kräuter.

Einjährige Kräuter: etwa Dill, Bohnenkraut, Kerbel und Borretsch.

Zweijährige Kräuter: zum Beispiel Petersilie.

Mehrjährige Kräuter: Liebstöckel, Salbei, Thymian und andere.

Ein echter Blickfang für jeden Garten und zudem sehr praktisch ist ein Kräuterschachbrett.

Dafür brauchst du:

- ein zweimal zwei Meter großes Beet,
- sechs Steinplatten, jeweils 50 x 50 Zentimeter groß
- und sechs verschiedene Kräuter (Kleine Pflänzchen oder Samen).

Und so wird's gemacht:

Zuerst legst du gemeinsam mit einem Erwachsenen die Platten im Schachbrettmuster auf das Beet. Als Nächstes musst du herausfinden, wie groß die einzelnen Kräuter werden können. Deine Gärtnerei und die Samentütchen verraten's dir. Dann säst oder pflanzt du jeweils eine Sorte in ein freies Feld: die höchsten im Norden, die niedrigsten im Süden, damit die hohen Kräuter den niedrigeren Sorten kein Licht wegnehmen. Wenn du nun regelmäßig die Erde lockerst, deine Kräuter gießt und später erntest, merkst du, wie praktisch dein Schachbrett ist: Ohne auf die Erde treten zu müssen, kannst du jedes Pflänzchen bequem erreichen.

Wichtig: Alle Gartenkräuter brauchen viel Sonne und gleichmäßig feuchten, nicht zu nassen Boden.

Tipp: Die ein- und zweijähriger Kräuter säst du jedes Jahr in ein anderes Feld. Dann wachsen sie besonders gut.

Und noch ein Tipp: Wenn du im Herbst Fichtenzweige über die Petersilie legst, kannst du mit etwas Glück den ganzen Winter hindurch die frische Würze pflücken.

Von Gurken, Zucchini und Kürbissen

Möchtest du leckeres Gemüse aus Samen ziehen, zum Beispiel Gurken, Zucchini und Kürbisse?
Alle drei stammen aus fernen Ländern, sind aber bei uns heimisch geworden.
Weil sie keinen Frost vertragen, solltest du sie ab April in Töpfen auf dem
Fensterbrett vorziehen. Ab Mitte Mai kannst du sie auspflanzen.
Lies die Hinweise auf den Samentütchen genau durch!

Gurken brauchen einen warmen, windgeschützten Platz und viel Feuchtigkeit. Sobald deine
Gurkenpflanzen anfangen zu ranken, freuen sie sich über ein Gitter oder ein Netz und etwas
Dünger. Wenn du den Haupttrieb über dem fünften Blatt abschneidest, bilden sich fruchtbare
Seitentriebe. Ab Juli kann geerntet werden. Die Früchte nicht abreißen, sondern abschneiden!
Je öfter du erntest, desto mehr wachsen nach!

Zucchini ranken nicht, brauchen aber auch viel Wasser und etwas Dünger. Sobald die Früchte
20 Zentimeter lang sind, pflückst du sie ab, damit bis in den Herbst hinein viele neue Früchte
heranreifen können. Besonders gut schmecken sie im Salat oder in Butter gedünstet.

Der **Kürbis** ist der Riese unter den Gartenfrüchten! 1993 brachte ein besonders dickes Exemplar 400 Kilogramm auf die Waage (das entspricht ungefähr fünf erwachsenen Menschen!). Setze deine Pflänzchen am Rand des Komposthaufens (dort bekommen sie besonders viele Nährstoffe) so in die Erde, dass zwischen den Pflänzchen jeweils ein Meter Abstand bleibt. Später kannst du die Ranken über den Kompost legen und ihn so vor Sonne schützen. Die Kürbispflanzen reichlich gießen und etwas düngen! Lass nur wenige Früchte ausreifen, dann kannst du im Herbst ein wahres Wunder erleben!

Tipp: Damit deine Riesen nicht faulen, legst du ein Holzbrett unter jede Frucht.

Ein Kürbis ist reif, wenn er beim Anklopfen hohl klingt. Dann oben einen Deckel abtrennen, das Fruchtfleisch für köstliches Kompott heraustrennen und Löcher für Mund, Nasenloch und Augen ausschneiden. Ein Teelicht im Innern macht aus deinem Kürbis ein gruseliges Gespenst!

Zwiebeln und Knollen

Hübsche Blumen und leckeres Gemüse liefern auch Zwiebeln und Knollen.
Kennst du den Unterschied? Schneide eine Speisezwiebel und eine
Kartoffelknolle durch! In der Zwiebel stecken alle Anlagen für ober-
irdische Pflanzenteile – Blätter, Stängel und Blüte – umhüllt von vielen
Schalen. Bei der Kartoffel ist die Schnittfläche glatt, eine neue Pflanze
kannst du nicht entdecken. Eine Knolle ist vor allem ein Speicher-
organ. Sie enthält alles, was die Pflanze zum Wachsen braucht.
Neue Kartoffelpflanzen schlummern in den Augen, den Punkten auf
der Kartoffelschale. Siehst du sie?

Narzisse

Hyazinthe

Tulpe

Traubenhyazinthe

Schneeglöckchen

Märzebecher

Zu den **Zwiebelpflanzen** gehören: Tulpe,
Narzisse, Schneeglöckchen, Hyazinthen,
Lilien, Speisezwiebeln, Schalotten und
Porree. Die Blumenzwiebeln werden im
Herbst gepflanzt (doppelt so tief, wie die
Zwiebel dick ist), überdauern den Winter
im Boden und blühen im Frühling. Danach
darfst du zwar die verwelkten Blüten
abschneiden, aber nicht die Blätter.
Denn aus ihnen zieht die Zwiebel wichtige
Nährstoffe fürs nächste Jahr.

Haselnussgroße Steckzwiebeln
bringen leckere Speisezwiebeln
hervor. Wenn du sie im März
in die Erde bringst – so tief,
dass die Spitze gerade noch
herausguckt –, kannst du im
Herbst große Zwiebeln ernten.
Wie wär's mit Zwiebelpizza oder
Zwiebelkuchen? Hm, lecker!

Dahlien

Tolle **Knollenpflanzen** sind Dahlien. Wenn du die Knollen Anfang Mai in die Erde bringst, blühen sie den ganzen Sommer bis in den Herbst hinein. Vor dem ersten Frost gräbst du die Knollen aus und lässt sie im Haus überwintern. Größere Knollenstöcke kannst du mit der Hand teilen, wenn sie eigene „Augen" (= Knospen) haben.

Hast du Lust, eigene Kartoffeln anzubauen? Das geht so:
Besorge dir im Februar einige Kartoffeln einer frühen Sorte und lege sie im Keller nah an einem Fenster in eine Mandarinenkiste.

Mitte April ziehst du mit deiner Harke eine mindestens zehn Zentimeter tiefe Rille in dein Beet und legst im Abstand von etwa 35 Zentimetern jeweils eine Kartoffel hinein. Die Keime müssen nach oben zeigen. Dann harkst du die Rille wieder zu.

Wenn die Kartoffelpflanzen ungefähr 15 Zentimeter hoch sind, harkst du von beiden Seiten der Reihe Erde an sie heran, sodass ein kleiner Wall entsteht. Gärtner nennen das „anhäufeln".

Wenn das Laub der Kartoffelpflanzen im Sommer welkt, gräbst du die leckeren Knollenfrüchte aus.
Kochen, salzen – guten Appetit!

Welche Pflanzen passen zusammen?

Schon die Mönche im Mittelalter haben es gewusst: Die Mischung macht's! Wenn du viele verschiedene Pflanzensorten auf deinem Beet wachsen lässt, schont das den Boden, Pflanzenschädlinge vermehren sich nicht so rasch und deine Pflanzen gedeihen besonders gut. Zum Beispiel ist es prima, wenn du hier und da ein paar Ringelblumen säst, weil sie den Boden verbessern.
Einige Pflanzen leisten sogar echte Nachbarschaftshilfe:

Zwiebeln helfen Möhren, weil sie die Möhrenfliege vertreiben.

Tomatenpflanzen schützen den Kohl vor den gefräßigen Raupen des Kohlweißlings.

Lavendel zwischen Rosen verscheucht Blattläuse.

Studentenblumen verjagen Fadenwürmer.

Kapuzinerkresse lockt Blattläuse an und hält sie so von Nachbarpflanzen fern.

Bohnenkraut verhindert, dass Bohnen von der schwarzen Bohnenlaus heimgesucht werden.

Doch Vorsicht!

Manche Pflanzen vertragen sich gar nicht gut.
Das haben schon viele Gärtner gemerkt. Allerdirgs
haben nicht alle die gleichen Erfahrungen gemacht.
Vielen ist jedoch Folgendes aufgefallen:

Kartoffeln   mögen keine Erbsen, Gurken und Tomaten.

Zwiebeln   fühlen sich nicht wohl bei Bohnen, Erbsen, Kohl und Zuckermais.

Tomaten   können Erbsen, Gurken und Kartoffeln nicht riechen.

Kohl   verträgt sich nicht mit Kartoffeln und Zwiebeln.

Porree   steht ungern in der Nähe von Bohnen und Erbsen.

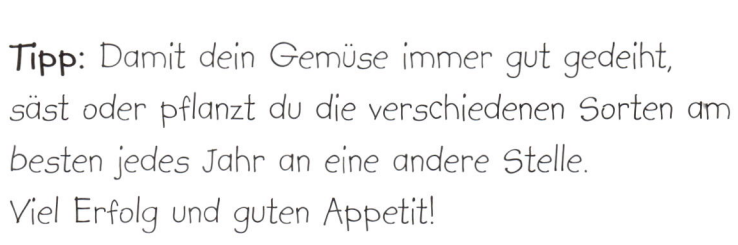

Tipp: Damit dein Gemüse immer gut gedeiht,
säst oder pflanzt du die verschiedenen Sorten am
besten jedes Jahr an eine andere Stelle.
Viel Erfolg und guten Appetit!

Aus eins mach zwei und mehr

Noch mehr *tolle* Blumen, Kräuter und Sträucher für dein Beet erhältst du, wenn du einige deiner Pflanzen oder die deiner Freunde und Nachbarn vermehrst. Die Natur hilft dir dabei, weil Pflanzen *selbst* alles tun um Nachwuchs zu bekommen. Es gibt ganz unterschiedliche Methoden:

Wie du **Samen sammeln** und **Pflanzen teilen** kannst, steht auf Seite 10 und 11.

Bei Erdbeerpflanzen ist die **Ableger**-Methode praktisch.

Siehst du die langen Ausläufer?

Grabe im Sommer unter dem ersten Blattbüschel einen Blumentopf mit guter Erde ein, lege den Setzling darauf und *befestige* ihn mit verzinktem Draht. Alle anderen Ausläufer schneidest du ab, damit die ganze Kraft der Mutterpflanze in deinen Setzling wandert.

Nach vier Wochen schneidest du ihn von der Mutterpflanze ab.

Ich freu mich schon auf die Erdbeeren!

Ein paar Tage später gräbst du den Topf aus, nimmst das Pflänzchen mit dem Wurzelballen vorsichtig heraus und pflanzt es an der vorgesehenen Stelle ein. Gießen nicht vergessen! Im nächsten Jahr kannst du die leckeren Beeren ernten.

Fehlen dir noch ein paar Buchsbäumchen für die Beeteinfassung? Dann schneide im Juni/Juli etwa zehn Zentimeter lange **Kopfstecklinge** ab und streife die unteren Blätter davon ab. Setze die Stecklinge in Blumentöpfe mit guter Erde, stelle sie an ein schattiges Plätzchen und halte die Erde gleichmäßig feucht. Im Winter legst du vorsichtig ein paar Tannenzweige darüber. Bis zum nächsten Frühling haben sich an den Stecklingen Wurzelballen gebildet. Dann kannst du sie an deinen Beetrand pflanzen.

Wenn du gern einen eigenen kleinen Rhododendron haben möchtest, halt nach **Absenkern** Ausschau. Das sind herabhängende oder am Boden liegende Äste eines Rhododendrons. Nimm einen Abserker und schneide, 30 Zentimeter vom Triebende entfernt, an der Unterseite ein fünf Zentimeter langes Rindenstück ab. Grabe die beschnittene Stelle ein, beschwere sie mit einem Stein, halte die Stelle schön feucht und warte ab. Mit etwas Glück haben sich im nächsten Frühling Wurzeln gebildet. Dann kannst du den Absenker abschneiden und in dein Beet pflanzen.

Dein eigener Baum

Bäume sind was Wunderbares: Ihre weit verzweigten Wurzeln halten die oft riesigen Stämme im Boden fest. Sie holen Wasser und Nährstoffe tief aus der Erde. Durch den Stamm und die Blätter wandern sie bis hoch ins letzte Blatt. Nicht schlecht, oder?

Hast du Lust, im Herbst deinen eigenen Baum zu pflanzen? Wie wär's, wenn du dir einen Gutschein zum nächsten Geburtstag oder zur Einschulung wünschst? Besonders gut gedeihen Apfel-, Kirsch- und Pflaumenbäume. Es gibt drei verschiedene Größen: Die **Hochstämme** (Stammhöhe: ungefähr zwei Meter) werden meist an Straßenrändern und auf Streuobstwiesen gepflanzt. **Halbstämme** (Stammhöhe: etwa 1,30 Meter) findest du oft in großen Gärten. Für Kinder sind **Buschbäume** (Stammhöhe: ca. ein halber Meter) am besten geeignet, weil sie nicht so viel Platz brauchen und am schnellsten Früchte tragen, die du leicht abpflücken kannst.

Hochstamm

Halbstamm

Buschbaum

Und so pflanzt du einen Baum:

Zuerst gräbst du ein Loch. Das sollte so tief sein, dass der Wurzelballen deines Baums genug Platz darin hat.

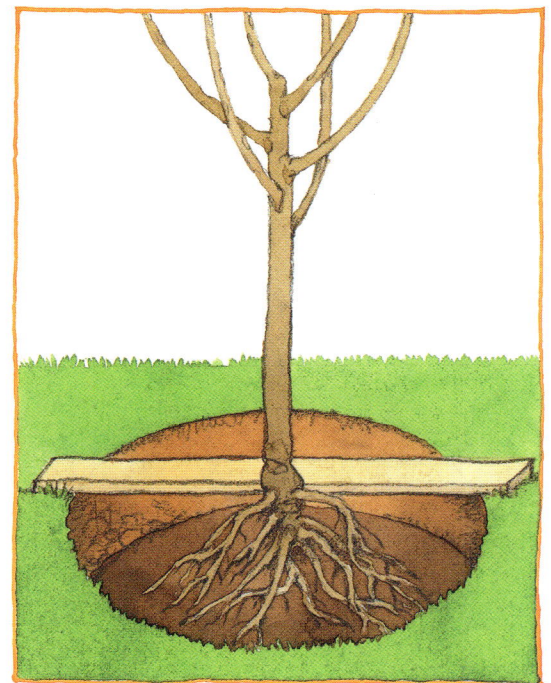

Siehst du die kleine Verdickung am unteren Teil des Baumstamms? Gärtner nennen sie Veredelungsstelle. Wichtig ist, dass sie später nicht mit Erde bedeckt ist. Um herauszufinden, ob dein Loch zu tief ist, stellst du deinen Baum hinein und legst eine Holzlatte quer über die Grube. Die Veredelungsstelle muss sich oberhalb der Latte befinden.

Hat dein Loch die richtige Größe? Dann halte deinen Baum fest und bitte einen Freund zehn Zentimeter entfernt einen Pfahl ins Loch zu stecken und den Baumstamm daran festzubinden.

Nun die Erde mit etwas Kompost mischen, zurück ins Loch schaufeln, festtreten und ordentlich gießen.

Zum Schluss kannst du noch ein paar Ringel- oder Studentenblumen um deinen Baum herum pflanzen. Das sieht hübsch aus und verbessert den Boden.

Tipp:

Lass dich jedes Jahr zur gleichen Zeit mit deinem Baum fotografieren. Wer wohl schneller wächst?

Jäten, mulchen, gießen, düngen

Pflanzen brauchen jede Menge Pflege. Es gibt Gärtner, die sprechen sogar mit ihren grünen Freunden. Vielleicht hilft's ja! Erfolg bringen auf jeden Fall die folgenden Gartenarbeiten.

Jäten: Das macht zwar nicht viel Spaß, ist aber wichtig, damit die Wildkräuter deinen Pflanzen nicht so viel Licht, Feuchtigkeit und Nährstoffe wegnehmen. Darum: Alles, was auf deinem Beet nichts zu suchen hat, mit dem Grubber lockern und mit Wurzeln ausreißen – und zwar bevor die Wildkräuter Samen bilden. Denn die verbreiten sich schnell und lassen überall neue Pflänzchen wachsen. Stell dir vor: In den winzigen Blüten einer Franzosenkraut-Pflanze reifen bis zu 300 000 Samen heran! Außerdem stören meist diese Wildkräuter auf einem Beet: Ackerschachtelhalm, Giersch, Hahnenfuß, Ackerwinde und Quecke.

Mulchen: Wenn du im Frühling die Erde zwischen deinen Pflanzen mit etwas lockerem Rasenschnitt, Baumrinden, gejäteten Wildkräutern ohne Blüten und Samen oder klein geschnittenen Ästchen bedeckst, hat das viele Vorteile: Die wertvolle Erde kann nicht wegwehen. Wildkräuter wachsen nicht so schnell. Der Boden bleibt länger feucht. Regenwürmer und andere nützliche Kleinstlebewesen fühlen sich wohl. Die Früchte deiner Pflanzen liegen nicht in der feuchten Erde und faulen daher nicht so rasch.

Gießen: Vor allem an heißen Sommertagen, wenn der Boden schnell austrocknet, musst du deine Pflanzen mit Wasser versorgen. Gieße sie in der Nähe ihrer Wurzeln, denn die nehmen das Wasser auf. Wenn du den Boden immer mal wieder durchhackst, kann das Wasser besser eindringen. Am liebsten haben es deine Gartenpflanzen, wenn du sie abends gießt, da die Feuchtigkeit nachts nicht so schnell verdunstet. Übrigens: Ideal für deine Pflanzen ist aufgefangenes Regenwasser!

Achtung! Nicht im prallen Sonnenschein gießen! Wassertropfen auf deinen Pflanzen wirken wie ein Brennglas!

Düngen: Wenn deine Pflanzen im Frühling und Sommer wachsen, brauchen sie sehr viele Nährstoffe, die sie aus dem Boden ziehen. Damit dort immer genug Nährstoffe vorhanden sind, musst du düngen. Welcher Dünger für die verschiedenen Pflanzenarten geeignet ist und wie du ihn am besten anwendest, steht oft auf den Samentütchen oder verrät dir deine Gärtnerei. Genauso gut ist es, den Boden mit Komposterde zu verbessern. Mehr dazu kannst du im nächsten Kapitel nachlesen.

Kompost – einfach klasse!

Dünger ist teuer, gute Komposterde gibt's kostenlos. Und sie ist der beste Dünger.

Ein Komposthaufen ist wie eine Fabrik, in der Milliarden von Kleinstlebewesen aus Garten- und Küchenabfällen gute Erde herstellen. Winzig kleine „Heinzelmännchen" (Fachleute nennen sie Mikroorganismen) sorgen für die Verrottung. Springschwänze, Regenwürmer und andere Bodentiere helfen ihnen dabei. Dafür brauchen sie Luft und Wasser. Damit die Verwandlung vom Abfall zur Erde klappt, musst du unbedingt ein paar Dinge beachten:

🌸 Der Komposthaufen sollte an einer windgeschützten, schattigen Stelle liegen.

🌸 Errichte ihn auf einem Beet oder auf einer Wiese, damit Regenwürmer und andere wichtige Lebewesen von unten hineinkrabbeln und sich bei Kälte oder Hitze in den Boden zurückziehen können.

Dauerhafte Schlupfwinkel sind Weidentunnel und Weidenhaus. Dafür brauchst du etwa 1,60 Meter lange Weidenstangen, die du jedoch nicht auf eigene Faust von den Weidenbäumen abschneiden darfst, weil sie unter Naturschutz stehen. Erkundige dich bei der Gemeindeverwaltung und bei Naturschutzgruppen, wann im Winter die Weiden geschnitten werden. Bestimmt kannst du kostenlos ein paar Stangen bekommen. Und so baust du gemeinsam mit einem Erwachsenen einen **Weidentunnel**:

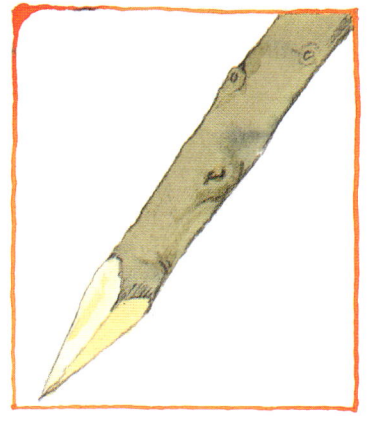 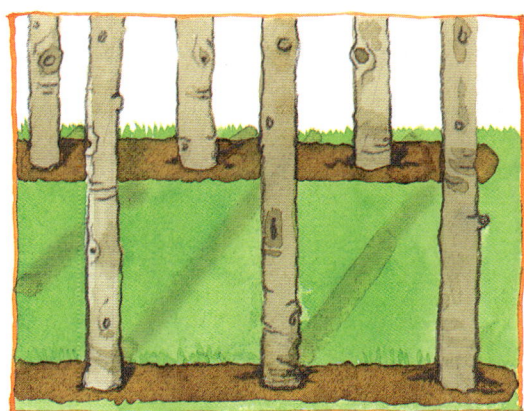 

Zählt eure starken Stangen und teilt sie in zwei Gruppen. Dann spitzt ihr jeweils ein Ende eurer Weidenstangen mit einem Messer an.

Nun grabt ihr die Stangenspitzen der ersten Gruppe nebeneinander, im Abstand von jeweils einem halben Meter, 25 Zentimeter tief im Boden ein. Gegenüber, etwa einen Meter entfernt, legt ihr genauso die zweite Reihe an.

Dann bindet ihr die Stangen oben zusammen und gießt alle ordentlich. Im nächsten Frühling hast du einen grünen Tunnel!

Ein **Weidenhaus** entsteht, wenn ihr die Stangen in einem Kreis mit einem Meter Durchmesser eingrabt und – wie auf Seite 30 zu sehen – oben zusammenbindet. Nach einem Jahr sind einige Triebe gewachsen. Die könnt ihr an den Seiten für die Wände und oben fürs Dach einflechten oder mit einer Schnur festbinden. So wird euer Weidenhaus jedes Jahr dichter.

Wichtig: Damit Weidentunnel und Weidenhaus stabil werden, flichtst du etwas dünnere Stangen diagonal oder quer (wie auf dem Bild oben) hinein.

Gift im Garten?!

Gemeint sind nicht die chemischen Gifte, mit denen manche Leute unerwünschte Pflanzen und Tiere im Garten bekämpfen. Diese Gifte haben in einem Garten, in dem Kinder spielen, sowieso nichts zu suchen. Aber auch einige Pflanzen enthalten unterschiedliche Gifte. Und das sind nicht wenige, über 200 sind bekannt. Besonders gefährlich sind diese Pflanzen: Tollkirsche, Eisenhut, Wunderbaum, Herbstzeitlose und Seidelbast. Am besten also nicht anpflanzen!

Aber wir können nicht alle giftigen Pflanzen aus dem Garten verbannen. Denn sonst müssten wir zum Beispiel auch auf Buchsbaum, Efeu, Narzissen, Lebensbaum, Rittersporn und Maiglöckchen verzichten und unser Garten würde ziemlich kahl und traurig aussehen.

Übrigens: Hast du gewusst, dass auch Nutzpflanzen giftig sein können? Die grünen Früchte der Kartoffelpflanze, zu viel roher Rhabarber, ungekochte Bohnen, grüne, ungekochte Tomaten und unreife Stachelbeeren zum Beispiel darfst du auf keinen Fall essen.

Merke: Nichts essen oder in den Mund stecken, was du nicht ganz genau kennst und von dem du nicht zuverlässig weißt, dass es ungefährlich ist. Lieber immer wieder fragen!

Diese Pflanzenteile sind besonders giftig:

Aronstab	Eibe	Eisenhut	Fingerhut
die Beeren	alle Teile	alle Teile	alle Teile

Goldregen	Herbstzeitlose	Seidelbast	Steckpalme
alle Teile	alle Teile	alle Teile	die Beeren

Wunderbaum	Tollkirsche
die Beeren	alle Teile

Pflanzenvergiftungen können höllische Bauchschmerzen machen. Wenn du dir nicht sicher bist, ob du etwas Giftiges gegessen hast, und es dir ziemlich schlecht geht – sofort einen Arzt rufen! In Deutschland wählst du 112, in Österreich und in der Schweiz 144. Damit der Arzt weiß, was du verschluckt hast, gibst du ihm einen Pflanzenteil.

Tolle Geschenke aus deinem Garten

Bestimmt magst du deinen Freundinnen und Freunden oder deiner Familie etwas ganz Besonderes schenken! Über hübsche Mitbringsel aus deinem Garten freuen sie sich bestimmt. Aber immer daran denken: Nichts wächst von heute auf morgen. Also frühzeitig planen! Hier ein paar Tipps für tolle Geschenke rund ums Jahr.

Echte Osternester

In einen Eimer oder eine Schale mit Gartenerde säst du ganz dicht Gras (fünf bis sechs Wochen vor Ostern), Gerste, Roggen oder Hafer (drei Wochen vor dem Fest) oder Kresse (zwei Wochen vorher). Halte die Saat feucht und schon bald hast du ein tolles Osternest, in dem die bunten Eier besonders schön aussehen.

Kräuterkorb

Lege einen Korb mit Plastikfolie aus, gib Blumenerde dazu und setze kleine Kräuterpflänzchen hinein, zum Beispiel Basilikum, Schnittlauch, Thymian oder Zitronenmelisse. Wenn du ein leckeres Rezept mit den Kräutern aus dem Korb kennst, kannst du es aufschreiben und den Zettel zwischen die Blätter stecken.

Blumenschale

Auch eine kleine Schale mit Mini-Blumen, beispielsweise kleinen Sonnenblumen oder Liliput-Astern, ist ein schönes Geschenk. Wenn du magst, kannst du die Schale noch bemalen. Oder du bindest eine Schleife drumherum. Das sieht besonders hübsch aus.

Blumen für die Vase – wichtige Tipps

🌸 Die Blumen möglichst in den Morgenstunden taufrisch abschneiden.

🌸 Bevor sie in die Vase kommen, die Stiele mit einem Messer schräg anschneiden, damit sie das Wasser besser aufnehmen können.

🌸 Die unteren Blätter entfernen, sodass sie nicht im Wasser stehen und faulen.

🌸 Alle zwei Tage das Wasser erneuern.

🌸 Alte „Geheimrezepte" empfehlen ein Pfennigstück gegen Fäulnis und etwas Traubenzucker als Pflanzennahrung. Schaden kann's nicht!

Blumengestecke

Dafür brauchst du ein Stück Steckschaum vom Gärtner oder ein paar ausgewaschene Topfschwämme aus Draht, die du mit Moos oder Zweigen verzierst. Lege den Steckschaum oder die Schwämme in eine Schale und stecke – ganz nach Lust und Laune – kurze Blumen hinein. Zum Schluss gibst du etwas Wasser in die Schale, damit deine Pflanzen nicht vertrocknen. Fertig!

Tolles aus Trockenblumen

Pflücke im Sommer bunte Blumen – zum Beispiel Strohblumen, Lampionblumen, Silberlinge oder Disteln – und lass sie langsam an der Luft trocknen. Das geht am besten, wenn du sie an einem regensicheren, luftigen Ort gebündelt an einer Schnur aufhängst. Ungefähr sechs Wochen später kannst du wunderschöne Trockensträuße zusammenstellen.

Duftsäckchen

Aus getrockneten Lavendelblüten kannst du tolle Duftsäckchen machen.

Lavendel

Fülle die Blüten in kleine Baumwollsäckchen und binde sie mit einer Schleife zu. Sie vertreiben Motten im Kleiderschrank und Fliegen im Wohnzimmer.

Zwiebelzöpfe

Zuerst lässt du ungefähr 25 Zwiebeln aus deinem Garten in der Sonne trocknen. Dann besorgst du eine starke Schnur, etwa einen Meter lang, und knotest die Enden zusammen. Nun flichtst du die erste Zwiebel mit ihrem Laub in die untere Schlaufe, dann die anderen. Durch das Gewicht der Zwiebeln wird der Zopf fest. Bis du ihn verschenkst, hängst du ihn luftig und trocken auf.

Barbarazweige

Möchtest du zu Weihnachten den Frühling ins Haus holen? Dann schneide am Namenstag der Heiligen Barbara, also am 4. Dezember, ein paar Äste von Frühlingsblühern wie Forsythien, Kirsch- oder Apfelbäumen mit dicken Blütenknospen ab und lege sie zwölf Stunden in eine Schale mit warmem Wasser. Danach schneidest du die Äste schräg an, stellst sie in eine Vase mit Wasser und bringst sie für die nächsten Tage an einen kühlen Ort, zum Beispiel in ein unbeheiztes Schlafzimmer. Sobald die Knospen schwellen, kommen die Zweige ins warme Zimmer. Und zu Weihnachten blühen sie.

Das Gartenjahr – eine Übersicht

Rund ums Jahr gibt's für Gärtner jede Menge zu tun. Hier die wichtigsten Gartenarbeiten auf einen Blick:

Frühling

- ❀ Ab Februar frühe Pflänzchen wie Tomaten und Fleißige Lieschen im Haus auf dem Fensterbrett vorziehen.
- ❀ Nistkästen aufhängen.
- ❀ Frühkartoffeln vorkeimen lassen.
- ❀ Im März das Beet vorbereiten: jäten, Erde lockern, düngen, Komposterde ausbringen und leicht einharken.
- ❀ Buchsbäumchen als Beeteinfassung pflanzen.
- ❀ Steckzwiebeln in die Erde bringen.
- ❀ Möhren und Radieschen säen.
- ❀ Im April Sommerblumen, Kräuter, Gurken, Zucchini und Kürbisse in Pflanzgefäßen auf dem Fensterbrett säen.
- ❀ Frühkartoffeln pflanzen.
- ❀ Anfang Mai Busch- und Stangenbohnen säen.
- ❀ Dahlienknollen einpflanzen.
- ❀ Ab Mitte Mai Vorgezogenes aus dem Haus ins Beet setzen.
- ❀ Bohnenwigwam und Wickenzelt anlegen.
- ❀ Alles gut angießen.
- ❀ Wenn die Pflänzchen auf deinem Beet zehn Zentimeter hoch sind, mulchen.
- ❀ Nisthilfen für Krabbeltiere basteln und aufhängen.
- ❀ Im Juni Kartoffeln anhäufeln.

Puh, ganz schön viel Arbeit!

Sommer

🌸 An heißen Tagen viel gießen.

🌸 Auch den Kompost feucht halten.

🌸 Kopfstecklinge vom Buchsbaum in Blumentöpfe pflanzen.

🌸 Erdbeerpflanzen vermehren.

🌸 Ab Anfang Juli Frühkartoffeln ernten.

🌸 Immer für eine volle Vogeltränke sorgen.

🌸 Jäten, jäten, jäten!

🌸 Kräuter ernten, bevor sie blühen, weil viele dann ihren Geschmack verlieren.

🌸 Radieschen ernten.

🌸 Absenker vom Rhododendron eingraben.

🌸 Neues Erdbeerbeet anlegen.

🌸 Zweijährige Blumen in einer Saatkiste oder Gartenecke aussäen.

🌸 Blumen für die Vase pflücken und einige zum Trocknen
luftig und regensicher aufhängen.

Herbst

🌸 Speisezwiebeln und Möhren ernten.

🌸 Zweijährige Blumen pikieren und an die vorgesehenen Stellen pflanzen.

🌸 Zu groß gewordene Stauden teilen und an unterschiedlichen Stellen wieder einpflanzen.

🌸 Blumenzwiebeln in die Erde bringen.

🌸 Einen Baum pflanzen.

🌸 Sommerblumen nach Samen fürs nächste Frühjahr durchsehen und die Körner in Blechdosen
aufbewahren.

🌸 Verwelkte Blätter und Blüten auf den Komposthaufen werfen.

🌸 Aus trockenem Laub und Ästen einen Schlafplatz für Igel errichten.

- 🏵 Beet gut durchhacken.
- 🏵 Frostempfindliche Pflanzen mit Laub oder Tannenzweigen abdecken.
- 🏵 Dahlienknollen ausgraben und im Haus überwintern lassen.
- 🏵 Vielleicht ein neues Beet arlegen.
- 🏵 Trockensträuße binden und getrocknete Lavendelblüten in kleine Baumwollsäckchen füllen.
- 🏵 Zwiebelzöpfe basteln.

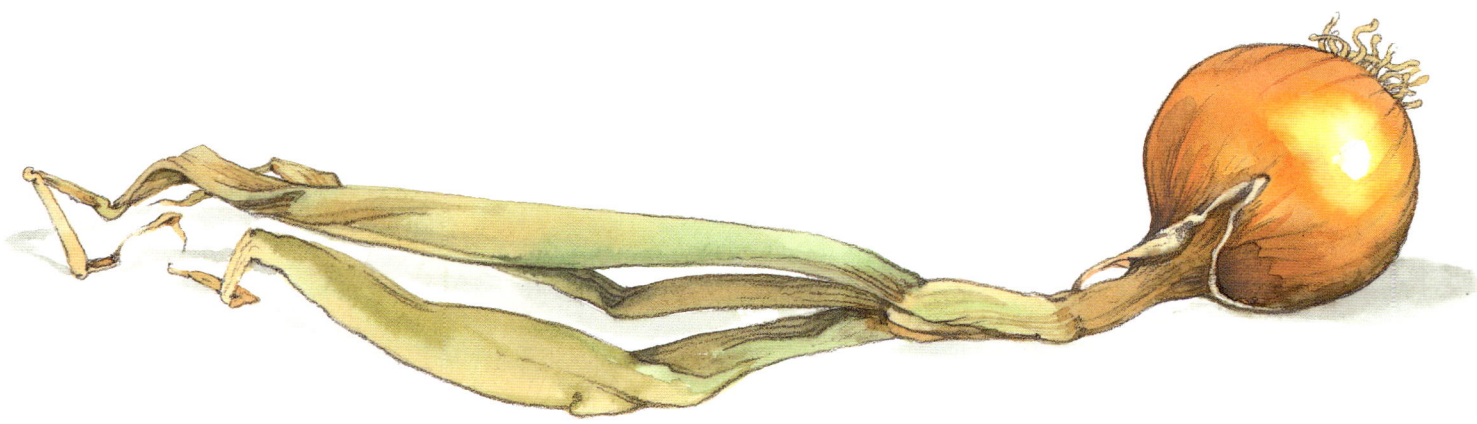

Winter

- 🏵 Gemeindeverwaltung und Naturschutzgruppen fragen, wann die Weidenbäume beschnitten werden und ob du ein paar Stangen bekommen kannst.
- 🏵 Wenn der Boden nicht gefroren ist, Weidenhaus und Weidentunnel bauen.
- 🏵 Am 4. Dezember Barbarazweige schneiden.

Bei Eis und Schnee Vögel füttern nicht vergessen!

Pflanzen und Tiere auf einen Blick

Noch mehr Gartentipps
verrät dir
«Waldemar's großes Gartenbuch».
Und jede Menge tolle Sachen
rund ums Gärtnern gibt's
in der Edition
«Die Spiegelburg».